大展好書　好書大展
品嘗好書　冠群可期

大展好書　好書大展
品嘗好書　冠群可期

【國際武術競賽套路】

④

槍 術

國際武術聯合會　審定

李　杰／主編

張耀寧／執筆

大展出版社有限公司

《國際武術競賽套路》編委會

主　　編：李　杰

副 主 編：嚴建昌　　　李雅佩

　　　　　吳　彬　　　黃凌海

執行主編：程慧琨　　　章王楠

編　　委：龐林太　　　馬春喜

　　　　　劉同為　　　李巧玲

　　　　　殷玉柱　　　張躍寧

　　　　　石原泰彥

　　　　　陳志中　　　馮宏芳

執 筆 人：李巧玲（長拳）　程慧琨（劍術）

　　　　　劉同為（刀術）　殷玉柱（棍術）

　　　　　張躍寧（槍術）

3

前　言

國際武術聯合會籌備委員會於 1985 年 8 月在中國西安市舉辦的第一屆國際武術邀請賽期間成立。1990 年 10 月在中國北京正式成立了國際武術聯合會。

經過十年的努力，國際武術聯合會已發展成擁有世界五大洲 83 個會員協會的國際體育組織，並於 1994 年在摩諾哥被國際體育單項聯合會接納爲正式成員，1999 年 6 月又在韓國漢城舉行的國際奧委會全會上得到國際奧委會的承認。從 1991 年起國際武術聯合會先後在中國、馬來西亞、美國、義大利和中國香港成功地舉辦了五屆世界武術錦標賽。

隨著國際武術運動的迅速發展，對武術競賽提出了更高的要求。爲此，中國武術協會受國際武術聯合會的委託，組織了部分會員協會的專家創編了新的國際武術競賽套路，包括長拳、劍術、刀術、棍術和槍術，經國際武聯技術委員會審定，並在 1999 年 11 月香港國際武聯代表大會上通過。現出版五個套路的書籍作爲向國際武術聯合會成立十周年的獻禮。

目　錄

動作名稱

第一段

1. 預備勢

2. 併步上扎槍

3. 弓步攔拿扎槍

4. 丁步下扎槍

5. 單手拋槍

6. 仆步摔把

7. 拋接槍

8. 跨步劈槍

9. 回身跳劈槍

10. 轉身弓步抱槍

11. 雲絞槍

12. 前點步崩槍

13. 插步撥槍

14. 跳插步扎槍

15. 弧行步劈槍

16. 墊步提膝崩槍

17. 單手扎槍

18. 仆步摔槍

19. 跳叉步崩槍

20. 弓步拿扎槍

動作說明

圖1

第一段

1. 預備勢

兩腳併步站立，右手握把持槍置於右胸前，左手五指併攏貼靠左腿外側；目視前方。（圖1）

註：圖中實線表示下一動右手、右腳和槍尖的運行路線，虛線表示左手、左腳和槍把的運行路線。

11

圖 2-1

第一段

2. 併步上扎槍

（1）左腳以腳跟為軸，右腳以前腳掌為軸隨身體左轉向左碾動，右腳跟抬起；目視前方。（圖 2-1）

12

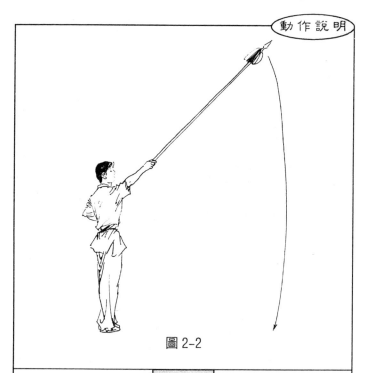

動作說明

圖 2-2

第一段

（2）右腳向左腳內側併步；同時右手握
把向前上方扎槍，左手屈肘收至左腰側，手心
斜向上；目視槍尖。（圖2-2）

13

圖 3-1

第一段

3. 弓步攔拿扎槍（共 3 次）

　　（1）右手握把向體前下落，槍尖觸地；目視槍尖。（圖 3-1）

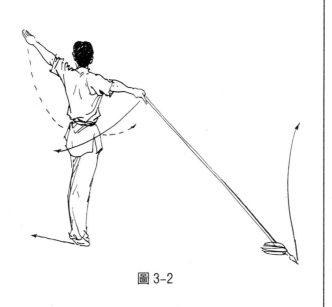

圖 3-2

第一段

（2）左掌向前伸出，掌心向上；重心上起，雙腳跟抬起；同時身體左轉，隨體轉左掌內旋向上撩起至左後上方；目視左掌。（圖3-2）

圖 3-3

第一段

　（3）右腳向後退步，兩腿屈膝成半馬步；身體右轉，右手握把向後拉槍至右腰側，左手下落至體前抓握槍身；目視槍尖。（圖3-3）

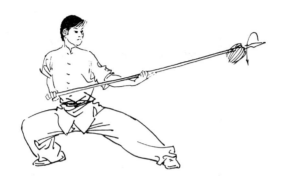

圖 3-4

第一段

（4）右手握把內旋翻腕，左手握槍外旋
攔槍；使槍尖沿逆時針方向向左立圓轉動，目
視槍尖。（圖 3-4）

17

圖 3-5

第一段

（5）右手握把外旋下翻，左手握槍內旋
拿槍；使槍尖沿順時針方向向右立圓轉動，目
視槍尖。（圖 3-5）

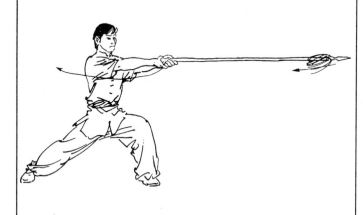

圖 3-6

第一段

（6）身體左轉，左腿屈膝半蹲右腿伸直
成左弓步；右手握把向前扎槍；目視槍尖。
（圖 3-6）

　　註：攔拿扎槍共做 3 次，圖省略。

19

圖 4-1

第一段

4. 丁步下扎槍

（1）右手握把向右後抽拉；身體右轉右
腿屈膝，左手握槍向右平擺；目視槍尖。（圖
4-1、2）

圖 4-2

第一段

圖 4-3

第一段

　（2）右手握把向前、向右推移，左手鬆
握槍身向後、向左平圓轉動半周；上體經後仰
向左轉體成半馬步；目視槍尖。（圖4-3）

22

圖 4-4

第一段

（3）重心前移，身體微左轉，右腿伸直；同時右手握把下翻，左手握槍內旋拿槍，目視槍尖。（圖4-4）

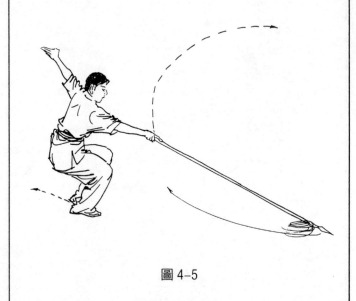

圖 4-5

第一段

（4）右腳向前一大步，左腳隨即向前上
步並落於右腳內側，前腳掌著地，兩腿屈膝成
丁步；身體左轉，右手握把單手向前下方扎
槍，左手變掌向體後上方伸出，虎口向上；目
視槍尖。（圖 4-5）

圖 5-1

第一段

5. 單手拋槍

（1）左腳向後退步，右手握把微下落後
向上拋槍；槍杆在空中立圓轉動半周，左手自
然下落。（圖 5-1）

25

圖 5-2

第一段

（2）右腳向後退步；身體右轉，右手接抓槍頸部，左手抓握槍身。（圖 5-2）

圖 6-1

第一段

6. 仆步摔把

（1）身體繼續右轉，左腳向右上步，腳尖內扣，兩腿微屈；雙手持槍隨體轉向下、向右擺起。（圖6-1）

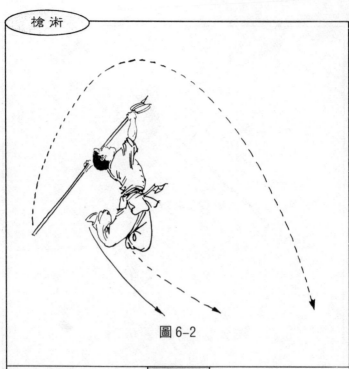

圖 6-2

第一段

　　（2）兩腳蹬地跳起，雙腿屈膝向後上擺
起，腳面繃平；身體右轉，雙手持槍隨體轉向
上擺至頭上方；目視上方。（圖 6-2）

圖6–3

第一段

（3）左右腳同時落地，右腿屈膝全蹲，
左腿伸直成左仆步；雙手持槍向前、向下摔
把，左手變掌按壓於槍身；目視槍把。（圖
6–3）

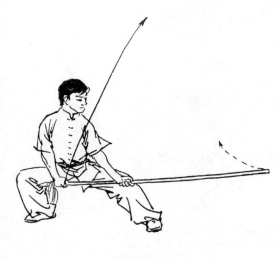

圖 7-1

第一段

7. 拋接槍

（1）重心上起，雙手持槍上抬，然後左手鬆開，右手握槍頸向前上方拋槍；槍杆在空中立圓轉動。（圖 7-1、2）

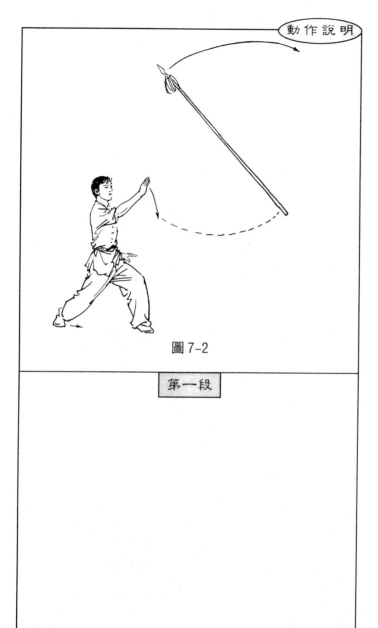

圖 7-2

第一段

圖 7-3

第一段

（2）重心前移，右手前伸抓握槍把。
（圖 7-3）

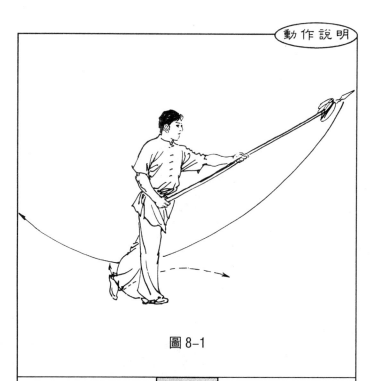

圖 8-1

第一段

8.跨步劈槍

（1）右腳向前上步，右手握把向後抽拉至右腰側，左手向前抓握槍身；目視前方。（圖 8-1）

33

圖 8-2

第一段

　（2）右腳蹬地，左腿向前上擺起，右腿
向後擺起；同時身體左轉，雙手持槍向下、向
左後掄擺；目視左後方。（圖8-2）

圖 8-3

第一段

（3）左腳落地，右腳向左腳前落步，兩腿屈膝，左腳跟抬起；雙手持槍向上、向前劈槍；目視槍尖。（圖 8-3）

35

圖 9-1

第一段

9. 回身跳劈槍

（1）身體左轉，雙手持槍向上、向左掄擺。（圖 9-1）

圖 9-2

第一段

（2）兩腳蹬地向上跳起，左腿屈膝上抬，右腿向後上方擺起；兩腳面繃平；身體左轉，雙手持槍繼續向下、向後上方掄擺；目視左後方。（圖9-2）

圖 9-3

第一段

（3）左腳向下落步，右腳向左腳前落步，腳尖微內扣，兩腿屈膝，左腳跟抬起；雙手持槍向上、向前劈槍；目視槍尖。（圖9-3）

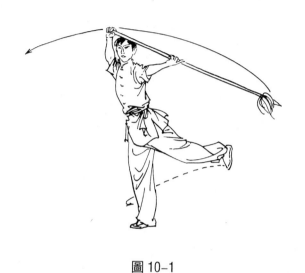

圖 10-1

第一段

10. 轉身弓步抱槍

（1）身體左轉，左腿向後擺起；雙手持槍隨體轉向左平掄。（圖 10-1）

圖 10-2

第一段

（2）左腳向右後落步；身體繼續左後轉，雙手持槍繼續向左平掄。（圖 10-2）

圖 10-3

第一段

（3）右手握把向左臂下方平移，同時左
手握槍向後、向右平掄。（圖 10-3）

圖 10-4

第一段

（4）左腳前腳掌為軸向左轉體一周，右腳上抬，腳面貼靠左膝後部；同時左手握槍隨體轉向左平轉一周，右手握把移至右肩前。（圖 10-4）

圖 10-5

第一段

（5）身體左轉，左腳蹬地，雙腳向左右
分開落地，左腿屈膝半蹲，右腿伸直成左弓
步；右手握把下落至右腹前，左手握槍置於身
體左側上方；目視右前方。（圖 10-5、5 側）

圖 10−5 側

第一段

側面圖

圖 11-1

第一段

11. 雲絞槍

（1）身體右轉，右腿屈膝半蹲，左腿伸直成右弓步；左手握槍向右前方下落。（圖11-1）

45

圖 11–2

第一段

（2）身體左轉，重心上起移至左腿，右
腳跟抬起隨重心左移向左拖移半步；雙手持槍
向左後平擺至頭上方。（圖 11–2）

圖 11-3

第一段

（3）上體後仰，右手握把向左腋下平移，左手握槍向後，向右雲槍。（圖 11-3）

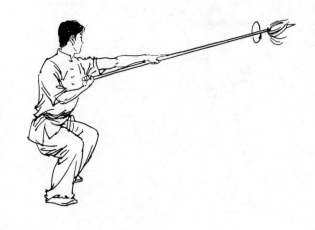

圖 11-4

第一段

（4）身體右轉，重心下降，兩腿屈膝半
蹲；右手握把沿逆時針方向向左立圓絞把一
周；目視槍尖。（圖 11-4、5）

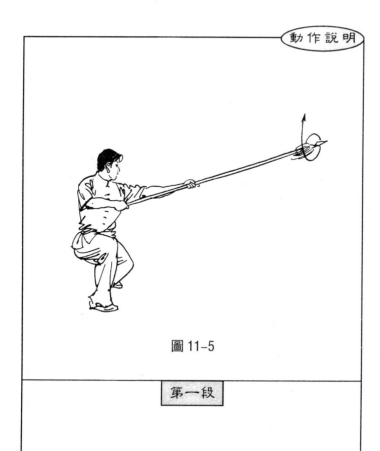

圖 11-5

第一段

圖 11-6

第一段

（5）重心上起移至右腿，左腳尖點地；
同時身體右轉，右手握把內旋上翻，左手握槍
外旋向上絞槍，目視槍尖。（圖 11-6）

圖 12-1

第一段

12. 前點步崩槍

（1）身體左轉，上體後仰，雙手持槍隨
體轉向左平擺。（圖12-1）

51

圖 12-2

第一段

（2）右手握把向左臂下平移，同時左手握槍向右、向前雲槍；重心下降，兩腿屈膝半蹲；目視槍尖。（圖 12-2）

圖 12-3

第一段

（3）重心上起，右腳微上抬向左腳內側下落震腳，同時左腳向前伸出，腳尖點地，兩腿伸直；右手握把向右肩抽拉，左手滑握槍身向左下崩槍；目視槍尖。（圖 12-3、4）

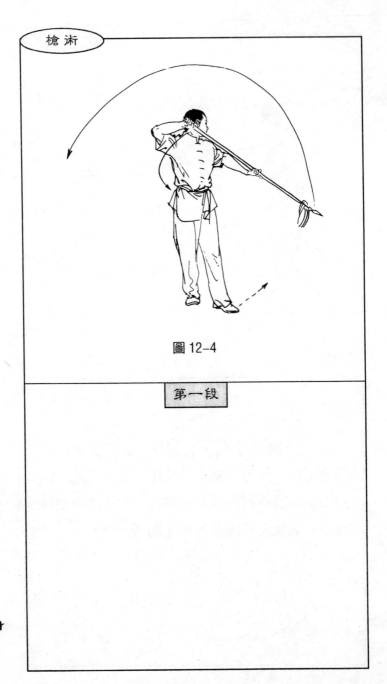

圖 12-4

第一段

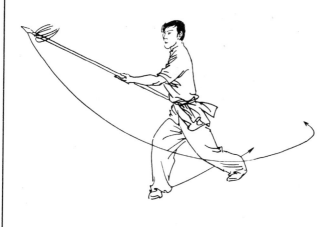

圖 13-1

第一段

13. 插步撥槍

（1）身體右轉，左腳向後退步；左手握
槍向上、向前帶槍，右手握把收至右腰側；目
視槍尖。（圖 13-1）

圖 13-2

第一段

（2）右腳向左後插步，前腳掌著地，左
腿屈膝；上體左轉，雙手持槍隨體轉向左下方
撥槍；目視槍尖。（圖 13-2）

圖 14-1

第一段

14. 跳插步扎槍

　　右腳蹬地跳起，隨即左腳向左橫跨一步，
重心移至左腿，右腳微上抬向左後方落步，前
腳掌著地，重心下落，左腿屈膝；同時右手握
把外旋下翻，左手握槍內旋拿槍，右手握把向
左前下方扎槍；目視槍尖。（圖 14-1、2）

57

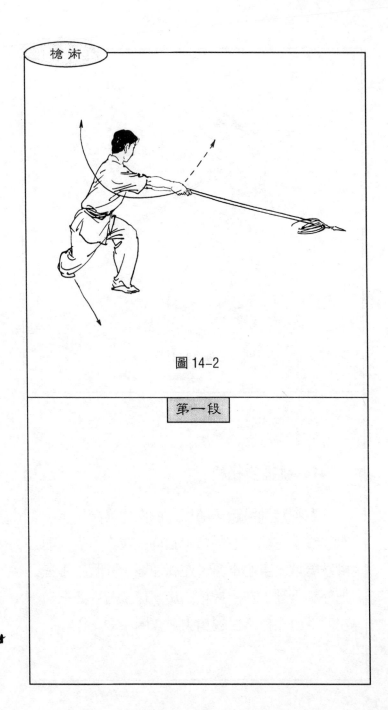

圖 14-2

第一段

58

圖 15-1

第一段

15. 弧行步劈槍

（1）右腳向右上步；重心上起，右手握把向右上方拉槍，左手向左上方托槍；目視槍尖。（圖 15-1）

59

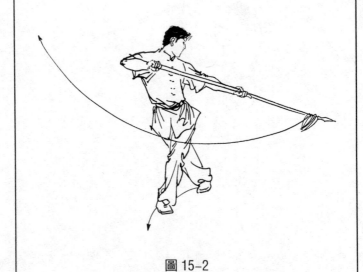

圖 15-2

第一段

　　（2）左腳向右腳前上步，腳尖外展；雙手持槍落於腹前。（圖 15-2）

圖 15-3

第一段

（3）右腳向左前方上步，腳尖內扣；左手握槍向下、向前上方挑起，右手握把收入右腰側，目視槍尖。（圖 15-3）

圖 15-4

第一段

（4）左腳向前弧行上步，腳尖外展；身
體左轉，左手握槍隨體轉向左帶槍。（圖 15-
4）

圖 15-5

第一段

（5）右腳向前上步，腳尖內扣，兩腿微屈；雙手持槍微下落；目視槍尖。（圖 15-5）

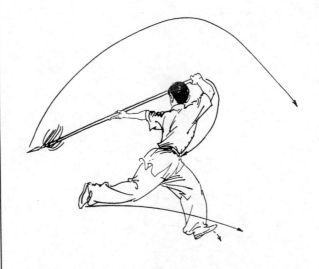

圖 15-6

第一段

　（6）左腿向前上擺動，右腿向後上擺
起；身體左轉，雙手持槍向下、向後上方掄
擺；目視左後方。（圖 15-6）

圖 15-7

第一段

　（7）左腳落地，右腳向左腳前落步，兩腿微屈；雙手持槍向上、向前劈槍；目視槍尖。（圖 15-7）

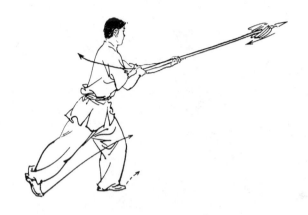

圖 16-1

16.墊步提膝崩槍

（1）左腳向前上步；右手握把前送。
（圖 16-1）

圖 16-2

第一段

（2）右腿屈膝上抬，小腿內扣，腳面繃
平，左腳蹬地向前跳起；右手握把內旋向後抽
拉至右肩前，左手鬆握滑槍上崩；目視槍尖。
（圖 16-2）

圖 17-1

第一段

17.單手扎槍

（1）左腳落地，右腳向左腳前落步；重心前移，右手握把下翻，左手握槍內旋拿槍；目視槍尖。（圖 17-1）

68

圖 17-2

第一段

（2）左腳向前上步；右手握把單手向前
平扎槍，左手變掌向左後方伸出；目視槍尖。
（圖 17-2）

圖 18-1

第一段

18.仆步摔槍

（1）右腳向前上步，腳跟著地；重心滯後，右手向後抽把，左手向前抓握槍身。（圖18-1）

圖 18-2

第一段

　　（2）重心前移，右腳蹬地，左腿屈膝向上擺起；雙手持槍上送。（圖 18-2）

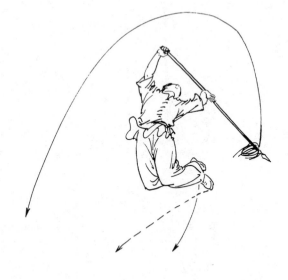

圖 18-3

第一段

　　（3）身體右轉向上跳起，雙腿屈膝向後
上方擺起；雙手持槍上舉；目視上方。（圖
18-3）

圖 18-4

第一段

（4）身體右轉，右腳落地後屈膝全蹲，左腿前伸並直腿向前落地成左仆步；雙手持槍經上向前、向下劈摔，左手變掌按壓於槍身；目視槍尖。（圖 18-4）

圖 19-1

第一段

19. 跳叉步崩槍

　　重心上起，雙手持槍上提；雙腳蹬地跳起
右腳向前，左腳向後交叉落步，右腿屈膝，腳
尖外展，左腿伸直，前腳掌著地；右手握把內
旋向後拉槍至右肩前，左手鬆握滑槍上崩；目
視槍尖。（圖 19-1、2）

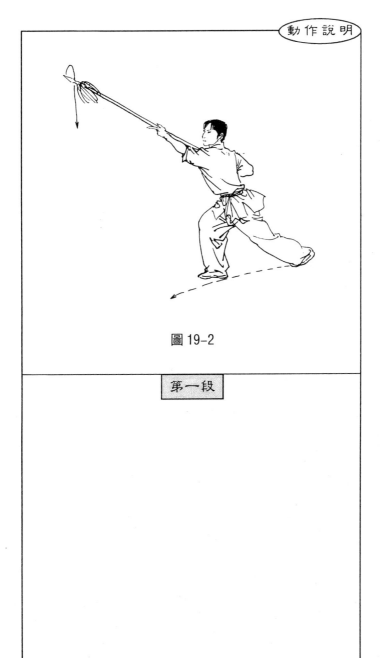

圖 19-2

第一段

圖 20-1

第一段

20. 弓步拿扎槍

（1）左腳向前上步成半馬步；同時右手握把外旋下翻至右腰側，左手握槍內旋拿槍；目視槍尖。（圖 20-1）

圖 20-2

第一段

（2）身體左轉，重心前移，左腿屈膝，右腿伸直成左弓步，右手握把向前扎槍；目視槍尖。（圖 20-2）

77

圖 21-1

第一段

21. 弓步攔拿扎槍

（1）重心後移，右腿屈膝成半馬步；右手向後抽把至右腰側；目視槍尖。（圖 21-1）

圖 21-2

第一段

（2）右手握把內旋翻腕，左手握槍外旋
攔槍；目視槍尖。（圖 21-2）

圖 21-3

第一段

（3）右手握把外旋下翻，左手握槍內旋
拿槍；目視槍尖。（圖 21-3）

圖 21-4

第一段

　　（4）身體左轉，左腿屈膝，右腿伸直成
左弓步；右手握把向前扎槍；目視槍尖。（圖
21-4）

圖 22-1

第一段

22. 扣腿下扎槍

（1）重心後移，身體右轉，右手向右後抽把。（圖 22-1）

圖 22-2

第一段

（2）重心前移，身體左轉，右腳抬起貼靠左膝後部，左腿屈膝半蹲；右手握把向前下方扎槍，左手變掌向左後方伸出，虎口向上；目視槍尖。（圖 22-2）

圖 23-1

第一段

23. 弓步推掌

　　（1）右腳向右後落步；身體右轉，右腿屈膝半蹲，左腿伸直成右弓步；右手握把屈肘向右後拉槍，左掌向右收至右胸前，掌心向右，指尖向上；目視右前方。（圖 23-1、1側）

動作說明

圖 23-1 側

第一段

側面圖

圖 23-2

第一段

　　（2）左掌經胸前向左推出，頭向左轉；
目視左前方。（圖 23-2）

圖 24-1

第二段

24. 絞槍

左手下落抓握槍身；上體微右轉前傾，重心左移，身體左轉，兩腿屈膝；左手握槍隨體轉微上提，右手握把沿逆時針方向向左立圓絞把一周；目視槍尖。（圖 24-1、2）

圖 24-2

第二段

圖 25-1

第二段

25. 上步背後穿接槍

（1）身體右轉，重心上起移至右腿，左腳跟抬起，腳尖點地；右手握把向後抽拉並變手心向上握把。（圖 25-1）

圖 25-2

第二段

（2）左腳向右前方上步，腳尖外展；左
手鬆握槍身，右手握把向前推送至左肩前，然
後內旋反臂握把下落；目視槍尖。（圖 25-
2）

圖 25-3

第二段

（3）右腳向右前方上步，腳尖內扣；右
手握把向右後上方拉槍，左手握槍上舉。（圖
25-3）

圖 25-4

第二段

（4）左腳向前上步，腳尖外展；雙手持槍下落至後腰部；目視槍尖。（圖 25-4）

圖 25-5

第二段

（5）右腳向前上步；右手握把向前送槍，左手變掌微上托槍杆；槍杆從左掌上向前上方穿出；目視槍把。（圖 25-5）

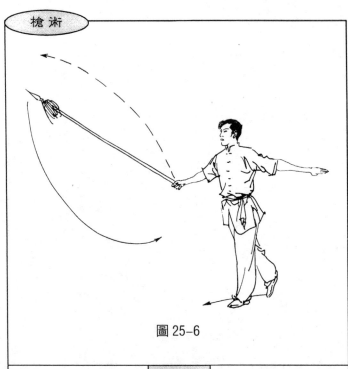

圖 25-6

第二段

（6）左腳向前上步；右手向前抓接槍把，左手下落後擺至體後；目視槍身。（圖25-6）

圖 26-1

第二段

26. 單手拋槍

（1）右腳向前上步，右手握把向上拋
起；槍杆在空中立圓轉動半周；目視槍尖。
（圖 26-1）

圖 26-2

第二段

　（2）左腳向前上步，腳尖內扣，兩腿微
屈；身體右轉，右手接抓槍頸，左手抓握槍
身。（圖 26-2）

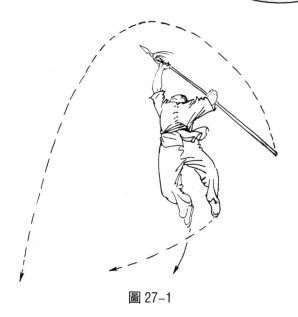

圖 27-1

第二段

27. 仆步摔把

（1）身體右後轉，雙腳蹬地跳起，兩腿屈膝後擺；雙手持槍隨體轉向右上方擺起。（圖 27-1）

97

圖 27-2

第二段

　（2）身體右轉，右腳落地後屈膝全蹲，左腿前伸並直腿向下落地成左仆步；雙手持槍經上向前、向下摔把，左手變掌按壓於槍身；目視槍尖。（圖 27-2）

圖 28-1

第二段

28. 拋接槍

（1）重心上起，雙手握槍上抬，左手鬆
開，右手握槍頸向上拋起；槍杆在空中立圓轉
動半周。（圖 28-1、2）

99

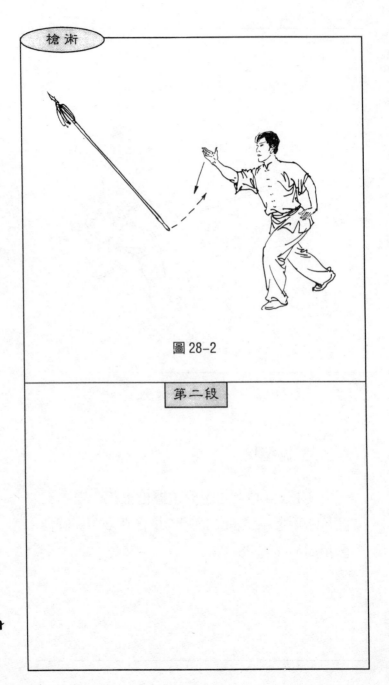

圖 28-2

第二段

圖 28-3

第二段

（2）重心前移，右手前伸接握槍把。
（圖 28-3）

圖 29-1

第二段

29.跨步劈槍

（1）右腳向前上步；右手握把向後抽拉
至右腰側，左手向前抓握槍身；目視前方。
（圖 29-1）

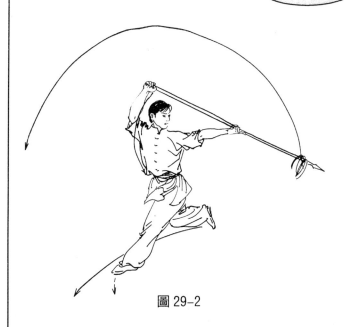

圖 29-2

第二段

　（2）右腳蹬地，左腿向前上擺動，右腿向後擺起；同時身體左轉，雙手持槍向下、向左後掄擺；目視左後方。（圖 29-2）

圖 29-3

第二段

（3）左腳落地，右腳向左腳前落步，兩腿屈膝，左腳跟抬起；雙手持槍向上、向前劈槍；目視槍尖。（圖 29-3）

圖 30-1

第二段

30. 回身坐盤下扎槍

（1）身體左轉，重心上起，兩腳跟抬起；左手滑握槍身隨體轉經上向左帶槍，右手握把上舉；目視槍尖。（圖 30-1）

圖 30-2

第二段

　　（2）身體左轉，重心下落，兩腿屈膝交叉下坐成坐盤；右手握把單手向前下方扎槍，左手變掌向左後上方伸出，虎口向上；目視槍尖。（圖 30-2）

圖 31-1

第二段

31. 蓋步拿扎槍

（1）重心上起，身體右轉，左腳跟抬起；右手握把隨體轉向右拉槍，左手抓握槍身。（圖 31-1）

107

圖 31-2

第二段

（2）左腳向左前方上步，腳尖外展；左手握槍向右平擺，右手握把左推；上體微後仰；目視槍尖。（圖 31-2）

圖 31-3

第二段

（3）右腳向左蓋步；左手握槍向後、向左雲槍；身體左轉；目視槍尖。（圖 31-3）

圖 31-4

第二段

（4）左腳向前上步，兩腿屈膝成半馬步；右手握把下翻，左手握槍內旋拿槍；目視槍尖。（圖 31-4）

圖 31-5

第二段

（5）重心前移，左腿屈膝，右腿伸直成
左弓步；身體左轉，右手推把向前扎槍；目視
槍尖。（圖 31-5）

圖 32-1

第二段

32.仰身穿槍

（1）身體微右轉，右手握把向右抽拉；
重心上起，然後身體左轉，左腿獨立支撐，右
腿屈膝上抬，腳面繃平；右手變方向握把。
（圖 32-1、2）

圖 32-2

第二段

圖 32-3

第二段

（2）上體後仰，右腿向前上方舉腿，腳面繃平，腿伸直；右手握把向前上方撩起，左手握槍隨上體後仰向後移動並向前送槍，槍杆在右手中沿身體右側向前穿滑至槍頸部時，右手握緊，同時左手向左後方伸出；目視前上方。（圖 32-3）

圖 33-1

第二段

33. 仆步摔把

（1）右腳向後落步；身體右轉，右手握槍頭向右抽拉，左手抓握槍身，目視前方。（圖 33-1）

圖 33-2

第二段

（2）身體右後轉，隨體轉右手握槍頸向上、向右，左手握把向下、向左做立圓輪轉至背後。（圖 33-2）

圖 33-3

第二段

（3）身體左轉，隨體轉右手握槍頸向下、向右上方，左手握槍向上、向左下方做立圓輪轉。（圖 33-3）

117

圖 33-4

第二段

（4）身體左轉，同時雙腳原地向左右交換跳步，重心下降，左腿屈膝全蹲，右腿伸直成右仆步；右手握槍頸隨體轉向下捧把，左手變掌向左上方伸出，虎口向上；目視槍身。（圖 33-4）

圖 34-1

第二段

34. 單手拋槍

（1）重心上起，右手握槍頸向前上方拋
槍；槍杆在空中立圓轉動半周。（圖34-1）

圖 34-2

第二段

　（2）重心上起，右手接握槍把，左手向
前抓握槍身；目視槍尖。（圖 34-2）

圖 35-1

第二段

35. 弓步攔拿扎槍（共2次）

（1）左腳向前上步，兩腿屈膝成半馬步；右手握把內旋翻腕，左手握槍外旋攔槍；目視槍尖。（圖35-1）

121

圖 35-2

第二段

（2）右手握把外旋下翻，左手握槍內旋
拿槍；目視槍尖。（圖 35-2）

圖 35-3

第二段

（3）身體左轉，重心左移，左腿屈膝半
蹲，右腿伸直成左弓步；右手握把向前扎槍；
目視槍尖。（圖 35-3）

圖 35-4

第二段

　　註：圖 35-4、5、6、7 動作方法同動作
21「弓步攔拿扎槍」，文字省略。

動作說明

圖 35–5

第二段

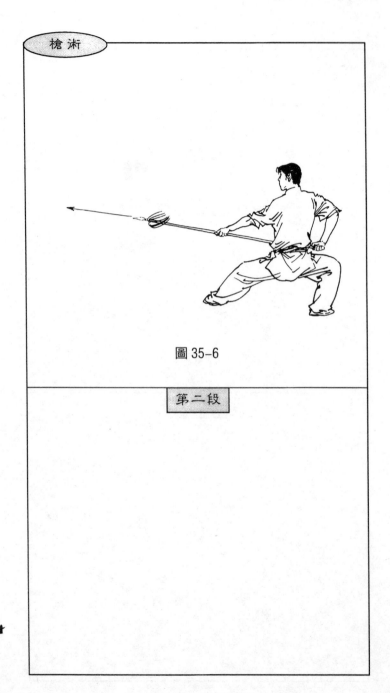

圖 35-6

第二段

126

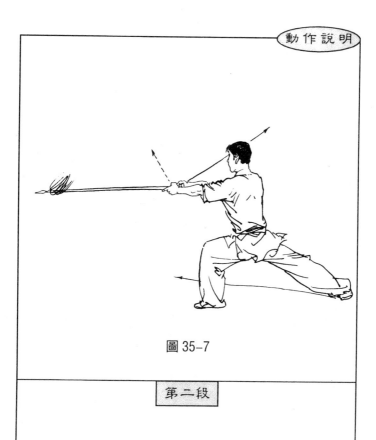

圖 35-7

第二段

圖 36-1

第二段

36. 提膝架槍

（1）右腳向前上步震腳，腳尖外展；左手握槍上舉，右手握把內旋向右上方拉槍；目視左前方。（圖 36-1）

圖 36-2

第二段

（2）右腿伸直獨立支撐，左腿屈膝前
抬，小腿內扣，腳面繃平；右手單手舉槍於頭
部上方，左手變掌微下落向左推出；目視左掌
前方。（圖 36-2）

圖 37-1

第三段

37. 轉身跳扎槍

（1）左腳向右落步；身體右轉，右腳向前上步；右手握把下落至左胸前方，左掌隨體轉平擺至右手內側。（圖 37-1、2）

130

圖 37-2

第三段

圖 37-3

第三段

（2）左腳向前上步；身體右轉，右腳向左前方上步，腳跟著地，重心滯後；目視右前方。（圖37-3、4）

圖 37-4

第三段

圖 37-5

第三段

（3）重心前移，左腿屈膝上擺，腳面繃平；身體右轉，右腳蹬地向上跳起，右腿向體後伸展；同時右手握把單手向前扎槍，左手向左後伸出，虎口向上；目視槍尖。（圖 37-5、6）

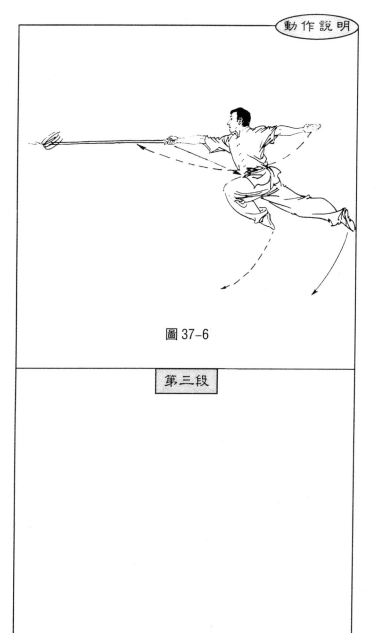

圖 37-6

第三段

135

圖 38-1

第三段

38. 弓步攔拿扎槍（共２次）

（１）雙腳同時落地，兩腿屈膝半蹲，身體右轉成半馬步；右手握把向後抽槍至右腰側，左手向前抓握槍身；目視槍尖。（圖 38-1）

圖 38-2

第三段

（2）右手握把內旋翻腕，左手握槍外旋攔槍；目視槍尖。（圖 38-2）

圖 38–3

第三段

（3）右手握把外旋下翻，左手握槍內旋
拿槍；目視槍尖。（圖 38-3）

圖 38-4

第三段

（4）身體左轉，右腿伸直成左弓步，右手握把向前扎槍；目視槍尖。（圖 38-4）

註：攔拿扎槍共做 2 次，圖省略。

圖 39-1

第三段

39. 震腳扣腿挑把

（1）重心後移，右手握把向後抽拉，重心前移，左腿獨立支撐，右腿屈膝上抬至左腿內側。（圖 39-1、2）

140

圖 39-2

第三段

圖 39-3

第三段

　（2）右腳向下落步震腳，屈膝半蹲，左腳上抬貼靠於左膝後部；身體左轉，右手握把隨體轉向下、向右上滑槍挑把，左手握槍內收至胸前；目視槍把。（圖 39-3）

圖 40-1

第三段

40. 回身拿扎槍

（1）左腳向左落步，兩腿屈膝成半馬步；頭向左轉，左手握槍向左抽拉，右手向左滑槍至右肩前；目視槍尖。（圖 40-1）

143

圖 40-2

第三段

　（2）右手握把下翻，左手握槍內旋拿
槍；目視槍尖。（圖 40-2）

圖 40-3

第三段

（3）身體左轉，右腿伸直成左弓步；右
手握把向前扎槍；目視槍尖。（圖 40-3）

圖 41-1

第三段

41. 回身穿槍

（1）重心後移，身體右轉，右手握把右拉並改變方向握把；目視槍把。（圖 41-1）

圖 41-2

第三段

（2）身體左轉，重心上起移至左腿，右腳跟抬起隨重心前移向前拖移半步，右手鬆握槍把向上、向前上方擺臂滑把，左手送槍後變掌擺至體後；槍杆在右手中向前上方穿滑至槍頭部時，右手握緊；目視槍把。（圖 41-2）。

147

圖 41-3

第三段

　　（3）右腳向前上步，腳尖外展；身體右轉，左手向前抓握槍身，右手握槍頸向右下方拉槍並換方向握槍，手心向上；目視槍尖。（圖 41-3、4）

圖 41-4

第三段

149

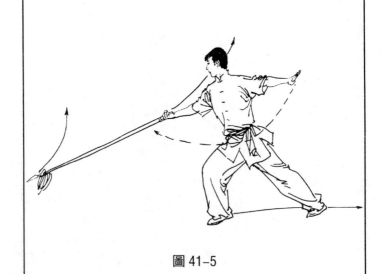

圖 41–5

第三段

　（4）左腳向左上步，腳尖內扣；左手握槍下送，右手鬆握槍杆，槍在右手中向右前下方穿滑至槍把時，右手緊握；目視槍尖。（圖41–5）

圖 42-1

第三段

42. 上步撥槍

（1）右腳向後退步；身體右轉，右手握
把隨體轉向右上方拉槍，左手向前抓握槍身並
上舉。（圖 42-1）

151

圖 42-2

第三段

（2）身體右轉，左手握槍向上、向前帶槍，右手握把向下收至右腰側；目視槍尖。（圖 42-2）

圖 42-3

第三段

（3）左腳向前上步，腳尖外展；上體左
轉擰腰，左手握槍隨體轉向左下方撥槍，右手
握把移至右肩前；目視槍尖。（圖 42-3）

153

圖 43

第三段

43. 墊步拿槍

右腳屈膝上抬貼靠於左膝後部，左腳蹬地跳起後向右落步，左腿微屈，獨立支撐；同時右手握把下翻，左手握槍內旋拿槍；目視槍尖。（圖43）

圖 44

第三段

44. 橫襠步架槍

右腳向右落步，腳尖微內扣，右腿屈膝半蹲，左腿伸直成右橫襠步；雙手持槍上舉架槍；目視左前方。（圖 44）

155

圖 45-1

第三段

45. 扣腿點槍

（1）身體右轉，左手握槍隨體轉向上、向前劈槍，右手握把向下收至右腰側。（圖45-1）

圖 45-2

第三段

（2）身體左轉，雙手持槍隨體轉向左下
方撥槍；目視槍尖。（圖45-2）

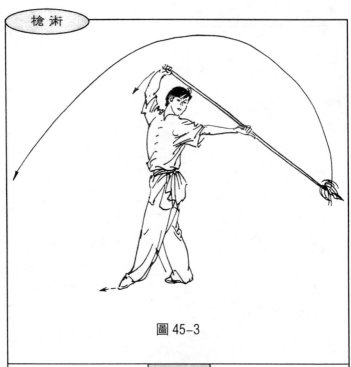

圖 45-3

第三段

（3）重心上起向後移至右腿，左腳向後
拖移半步，腳尖點地；左手握槍向後帶槍，右
手握把上舉；目視槍尖。（圖 45-3）

158

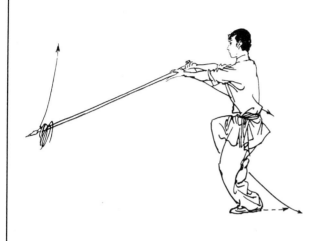

圖 45-4

第三段

（4）左腳向前半步，左腿屈膝，獨立支
撐，右腳上抬貼靠於左膝後部；左手鬆握槍杆
向上、向前滑行送槍至頭前方，右手握把與左
手同時翹腕點槍；目視槍尖。（圖 45-4）

圖 46

第三段

46. 併步崩槍

右腳向後落步，左腳向後併於右腳內側；右手握把向後抽拉至右腰側，左手滑握槍杆崩槍；槍尖高不過頭，目視槍尖。（圖46）

圖 47-1

第四段

47. 舞花槍

（1）左腳向前上步；身體左轉，右手滑握槍杆向上、向前帶把，左手鬆握槍杆向內收至右腋下。（圖 47-1）

161

圖 47-2

第四段

（2）右腳向前上步；身體左轉，右手握
槍隨體轉向下、向左立圓轉動。（圖 47-2）

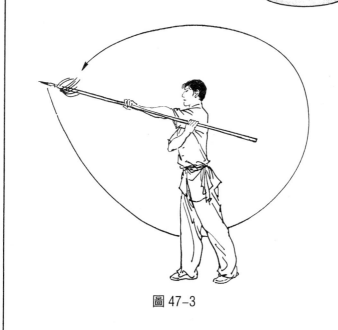

圖 47-3

第四段

（3）右手握槍向上經前向下、向後立圓
轉動一周至左腋下，左手握槍向相反方向轉動
至體前方；身體右轉。（圖 47-3）

163

圖 47-4

第四段

（4）身體右轉，左手握槍隨體轉向下經
後向上、向前立圓轉動一周至體前方，右手握
槍向相反方向轉動至右腰側；目視前方。（圖
47-4）

註：舞花槍共做 3 次，圖省略。

164

圖 48-1

第四段

48. 轉身提撩舞花槍

（1）左腳向前上步，腳尖內扣；身體右
後轉，雙手持槍隨體轉向下、向前撩槍。（圖
48-1）

165

圖 48-2

第四段

（2）右腳向後退步；身體繼續右後轉，
左手握槍隨體轉向上、向前立圓轉動至體前
方，右手握槍向相反方向轉動至左腋下。（圖
48-2）

圖 48-3

第四段

　（3）身體右轉，右腳向前半步，同時左手握槍向下經後向上、向前立圓轉動一周至體前方，右手握槍向相反方向轉動並下滑握把至右腰側；目視前方。（圖 48-3）

圖 49-1

第四段

49. 轉身跳下扎槍

（1）右腳蹬地向前上跳起，左腿屈膝向上抬起，小腿內扣，腳面繃平；身體左轉，左手握槍隨體轉向下、向左後帶槍，右手握把上舉；目視左後方。（圖 49-1）

圖 49-2

第四段

　（2）右腳落地，左腳向前落步；雙手持
槍下落。（圖 49-2）

圖 49-3

第四段

　　（3）右腳向右前方上步；左手握槍向前
上方撩起，右手握把收至右腰側。（圖49-
3）

圖 49-4

第四段

（4）左腳向前上步，腳尖外展；身體左轉，左手握槍隨體轉向上、向左下方帶槍，右手握把上移至右肩前；目視槍尖。（圖 49-4）

圖 49-5

第四段

　　（5）右腿屈膝上擺，左腳蹬地向上跳起
後屈膝上抬，小腿內扣，腳面繃平，右腿向下
伸直；同時身體左轉擰腰，右手握把單手向前
下方扎槍，左手變掌收於右臂內側；目視槍
尖。（圖 49-5、6）

圖 49-6

第四段

圖 50-1

第四段

50. 仆步亮掌

（1）右腳落地，左腳向後落步；身體左轉，左腿屈膝成左弓步；左掌下落隨體轉擺至左上方；目視左掌。（圖 50-1）

174

圖 50-2

第四段

　　（2）身體右轉，重心下降，左腿屈膝全蹲成右仆步；左掌內旋翻掌，虎口向下；頭向右轉；目視槍尖。（圖50-2）

圖 51-1

第四段

51. 弓步攔拿扎槍（共 2 次）

（1）重心上起，右手握把外旋轉把上托，手心向上。（圖51-1）

圖 51-2

第四段

（2）重心上起前移，身體右轉，左手向前抓握槍身，右手握把向後抽槍至右腰側；目視槍尖。（圖 51-2）

圖 51-3

第四段

（3）左腳向前上步至右腳內側，前腳掌著地，兩腿微屈；同時右手握把內旋翻腕，左手握槍外旋攔槍；目視槍尖。（圖51-3）

178

圖 51-4

第四段

（4）左腳向左上步成半馬步；右手握把外旋下翻，左手握槍內旋拿槍；目視槍尖。（圖51-4）

圖 51-5

第四段

　（5）身體左轉，右腿伸直成左弓步；右手握把向前扎槍；目視槍尖。（圖 51-5）

圖 51-6

第四段

　　註：圖 51-6、7、8、9 動作方法同動作 21
「弓步攔拿扎槍」，文字省略。

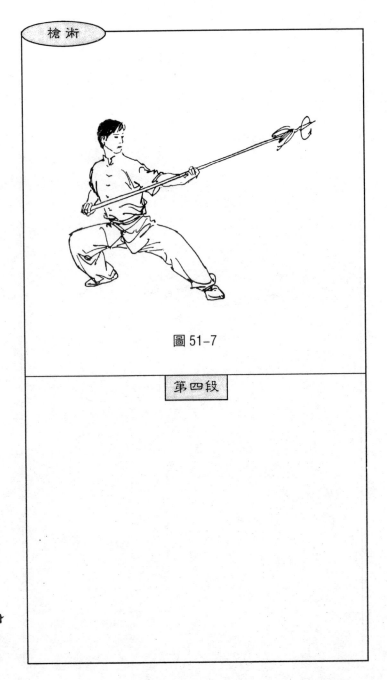

圖 51-7

第四段

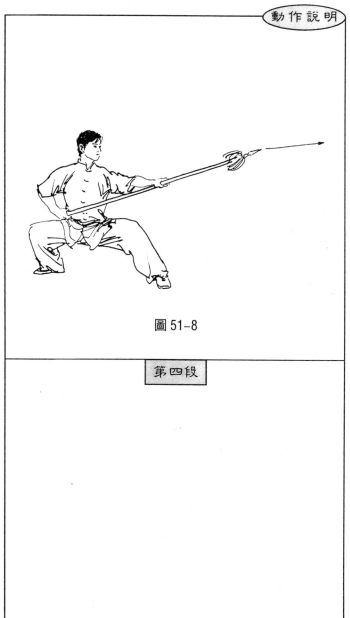

圖 51-8

第四段

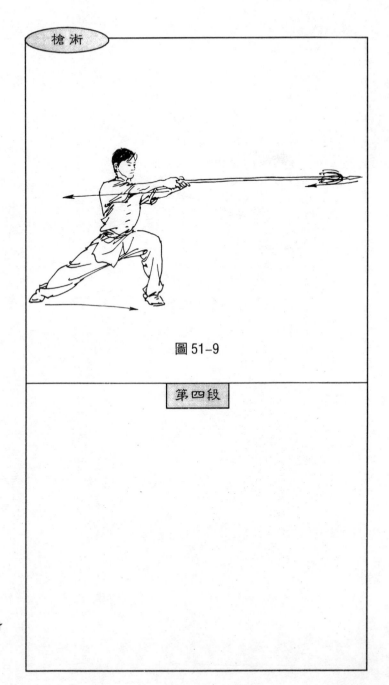

圖 51-9

第四段

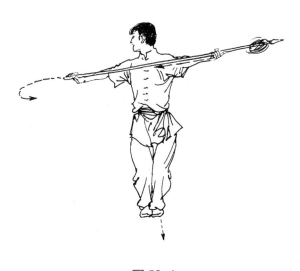

圖 52-1

第四段

52. 虛步橫擊把

（1）右腳向左腳內側併步震腳，兩腿屈膝，右手握把向右後拉槍；目視槍把。（圖52-1）

圖 52-2

第四段

　　（2）右腿屈膝半蹲，左腳向前伸出，腿
微屈，腳尖點地成虛步；左手握槍屈肘內收至
胸前，右手鬆握滑把向右前方橫擊；目視槍
把。（圖 52-2）

圖 53-1

第四段

53. 併步立槍推掌

（1）重心上起，左腳向右後退步；右手握槍向上提把，右腳向右後退步；身體右轉，右手握槍下落，左手握槍上抬；目視右側。（圖 53-1、2）

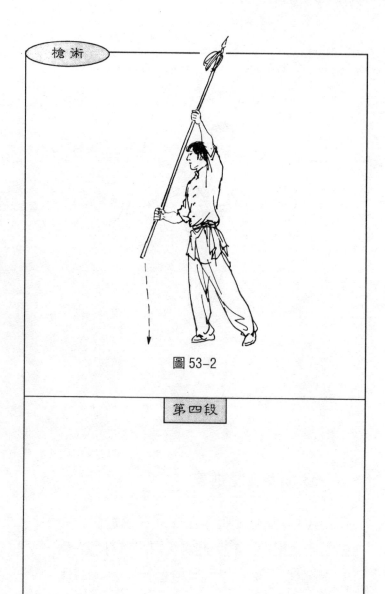

圖 53-2

第四段

圖 53-3

第四段

（2）右手鬆握槍杆，左手握槍向下放
槍，槍把落地；目視右側。（圖 53-3）

圖 53-4

第四段

（3）左腳向右腳內側併步；同時左手變
掌經胸前向左側推出，指尖向上；頭向左轉，
目視前方。（圖 53-4）

圖 54-1

第四段

54. 收　勢

　（1）左掌下落至體左側；目視前方。
（圖 54-1）

191

圖 54-2

第四段

　（2）右手微向上提槍；右腳向前上步，
左腳向前併步於右腳內側；身體正直，目視前
方。（圖 54-2、3）

圖 54-3

第四段

全套動作演示

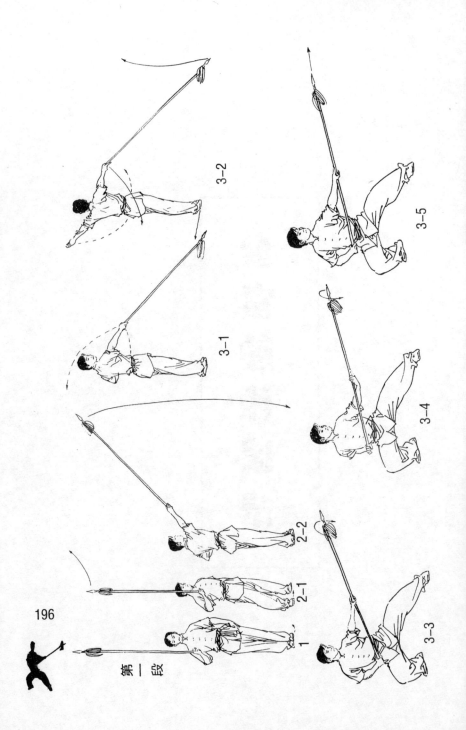

第一段

196

3-2

3-1

2-2

2-1

1

3-5

3-4

3-3

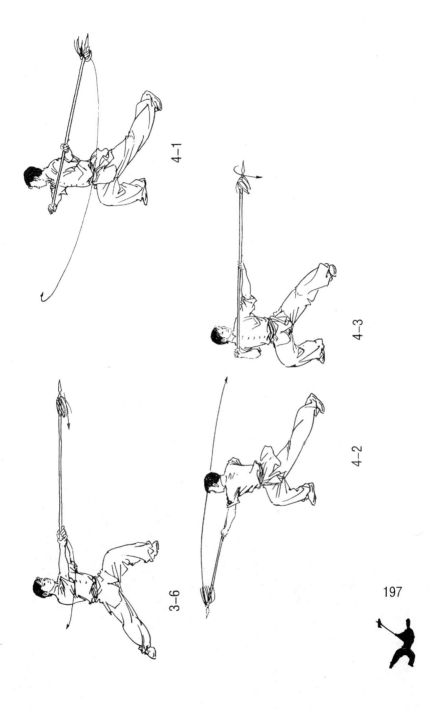

4-1

4-3

4-2

3-6

197

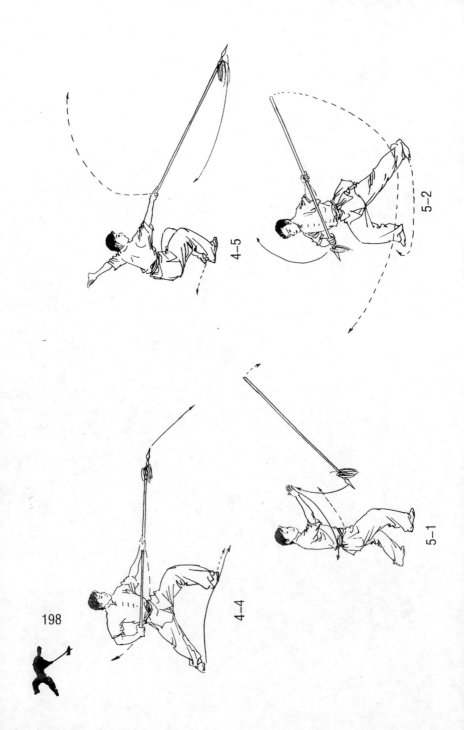

4-5

5-2

5-1

4-4

198

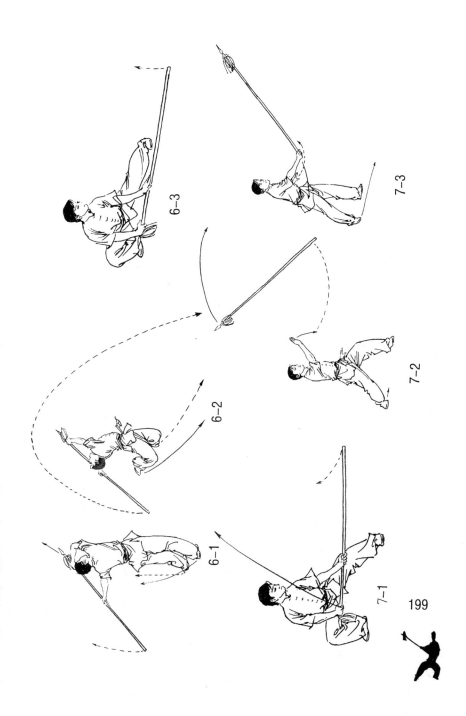

6-3

7-3

6-2

7-2

6-1

7-1

199

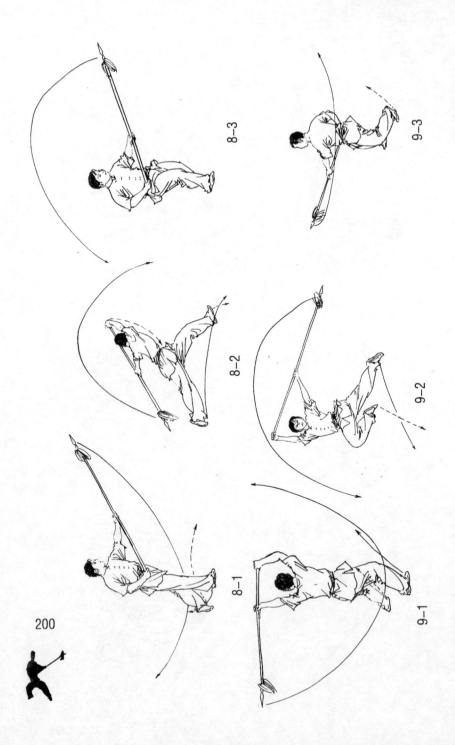

8-3

9-3

8-2

9-2

8-1

200

9-1

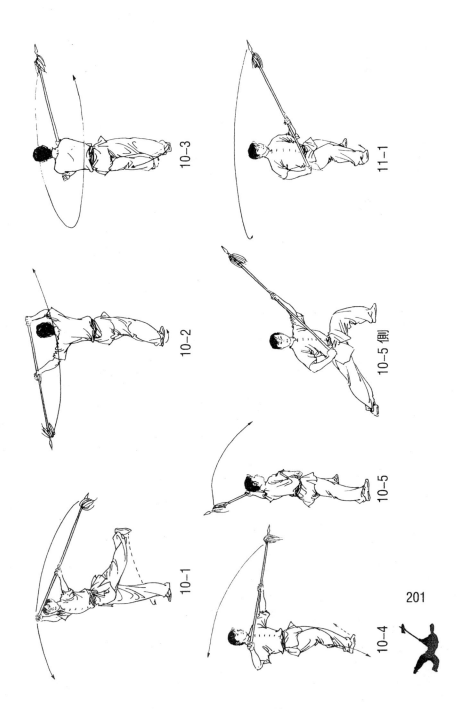

10-3

10-2

10-1

11-1

10-5 (側)

10-5

10-4

201

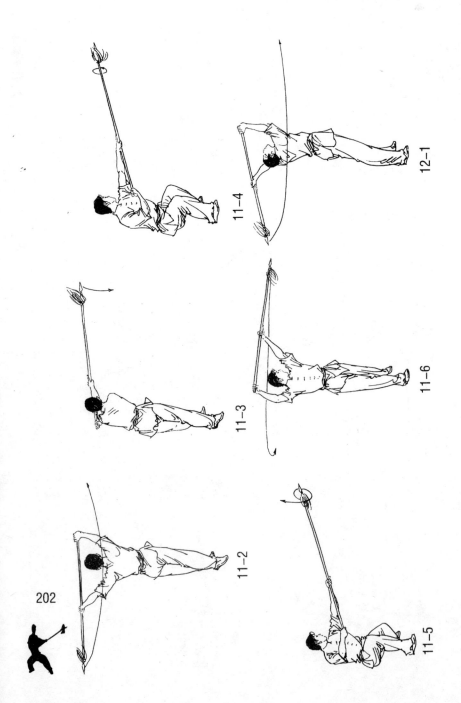

202

11-2

11-4

12-1

11-3

11-6

11-5

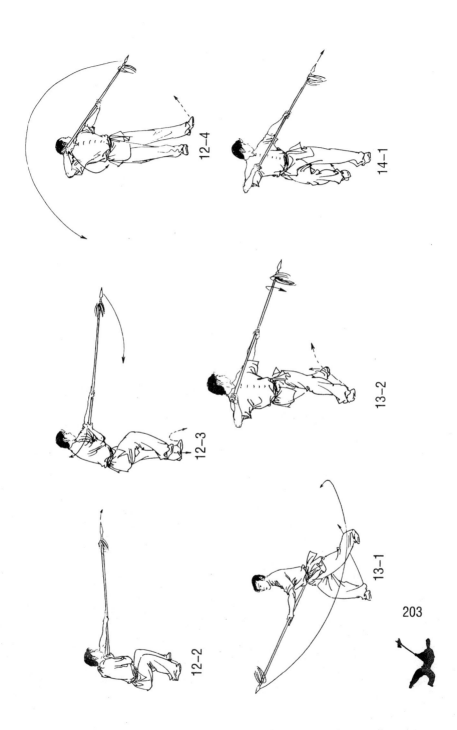

12-4

14-1

12-3

13-2

12-2

13-1

203

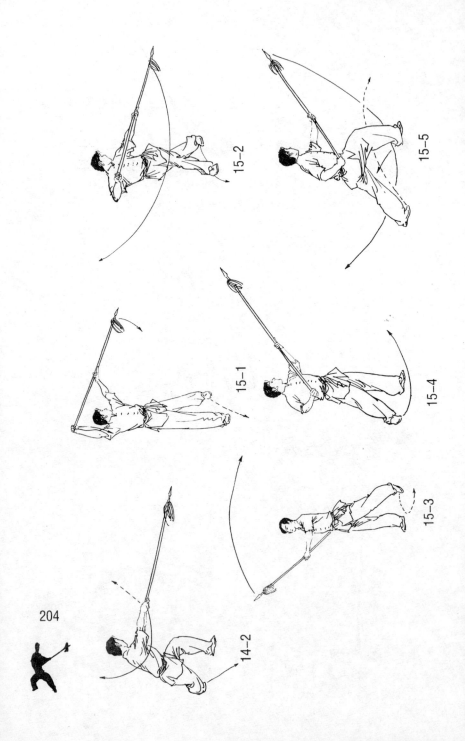

15-2

15-5

15-1

15-4

15-3

14-2

204

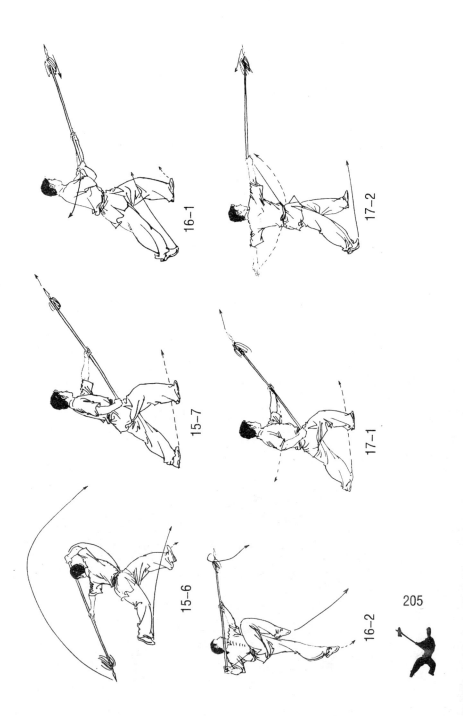

15-6

15-7

16-1

16-2

17-1

17-2

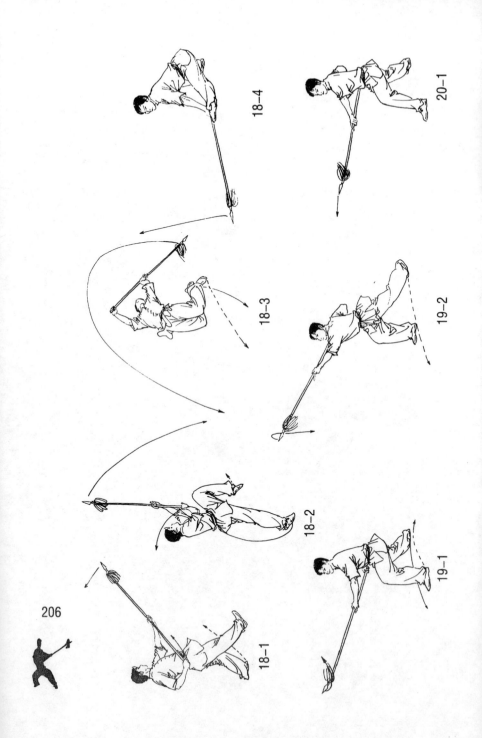

21-2

22-1

21-1

21-4

20-2

21-3

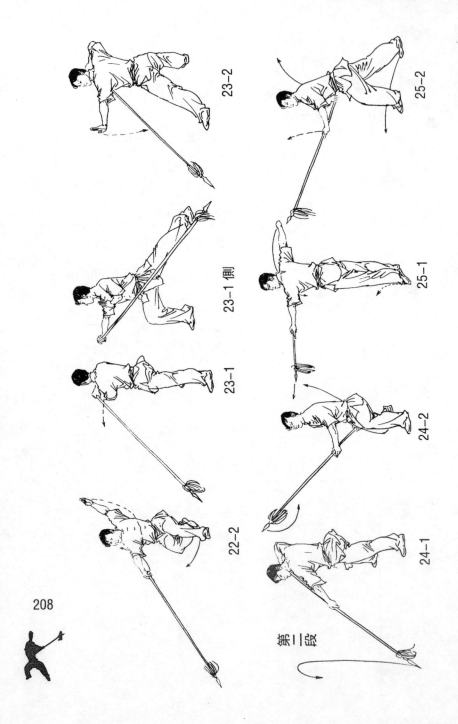

208

第二段

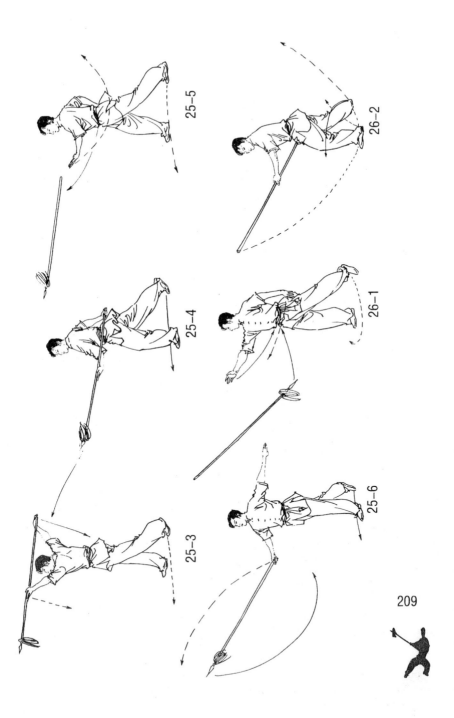

25-5

26-2

25-4

26-1

25-6

25-3

209

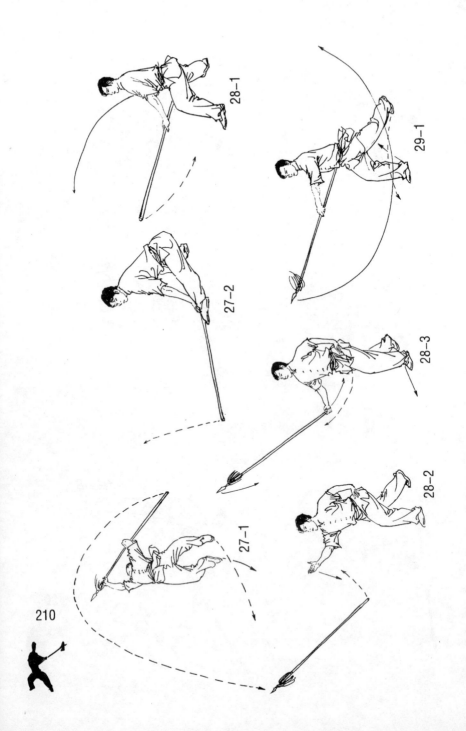

28-1

29-1

27-2

28-3

28-2

27-1

210

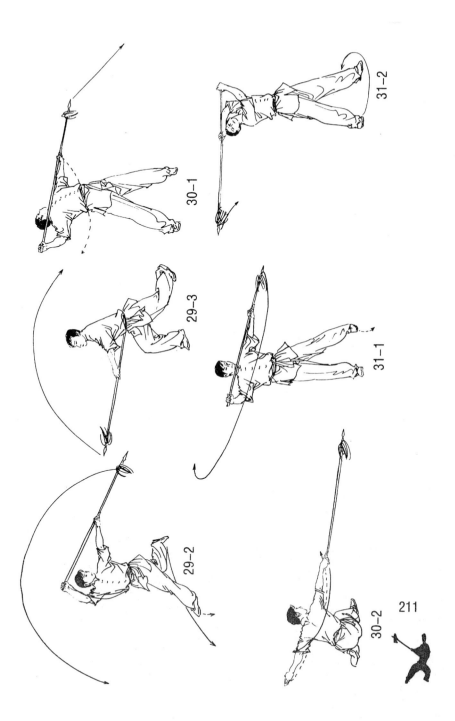

29-2

29-3

30-1

30-2

31-1

31-2

211

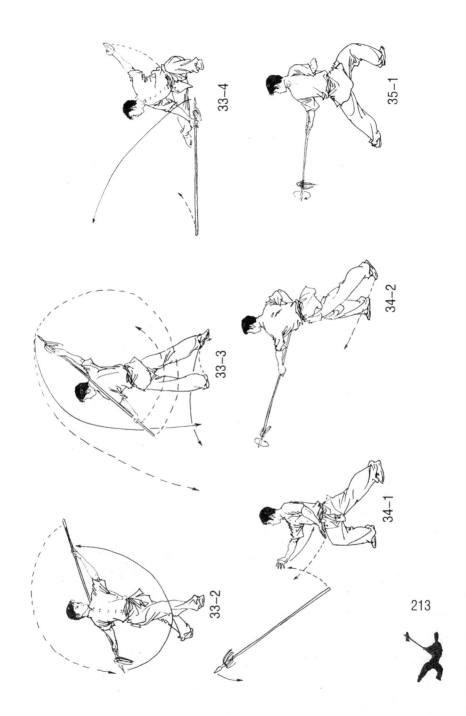

33-4

35-1

33-3

34-2

33-2

34-1

213

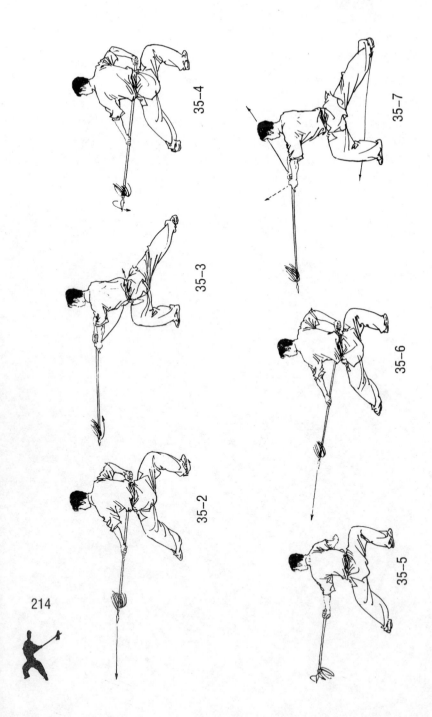

35-4

35-7

35-3

35-6

35-2

35-5

214

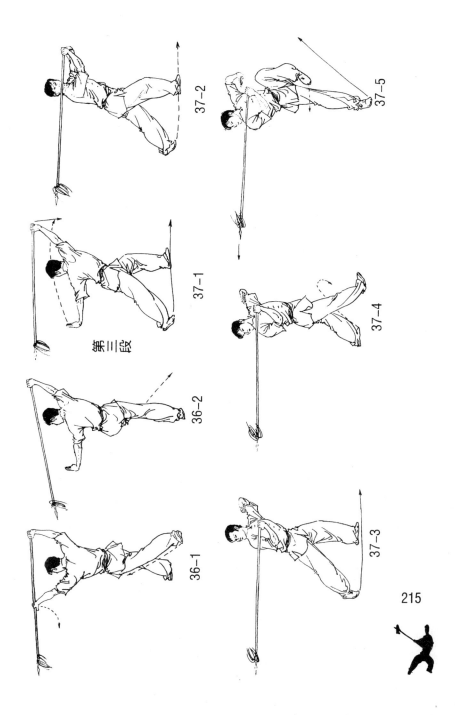

37-2

37-5

37-1

第三段

36-2

37-4

36-1

37-3

215

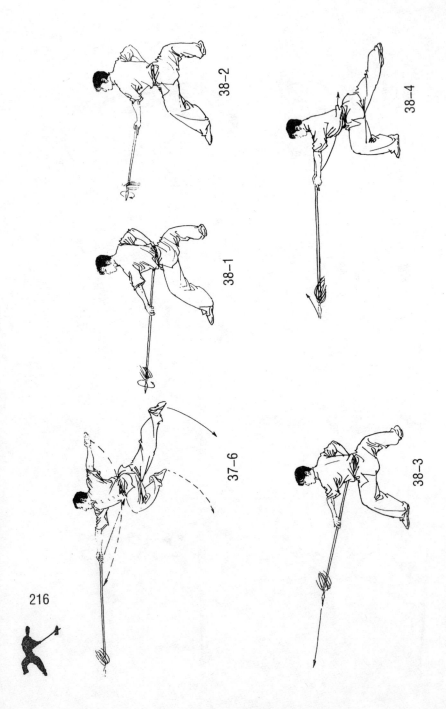

38-2

38-4

38-1

37-6

38-3

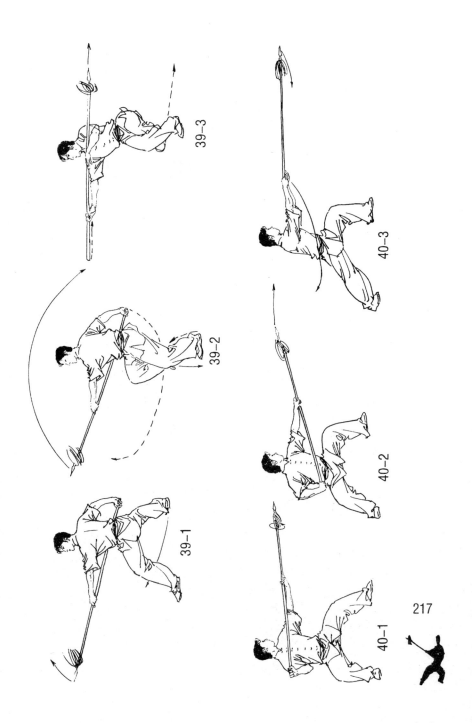

39-1

39-2

39-3

40-1

40-2

40-3

217

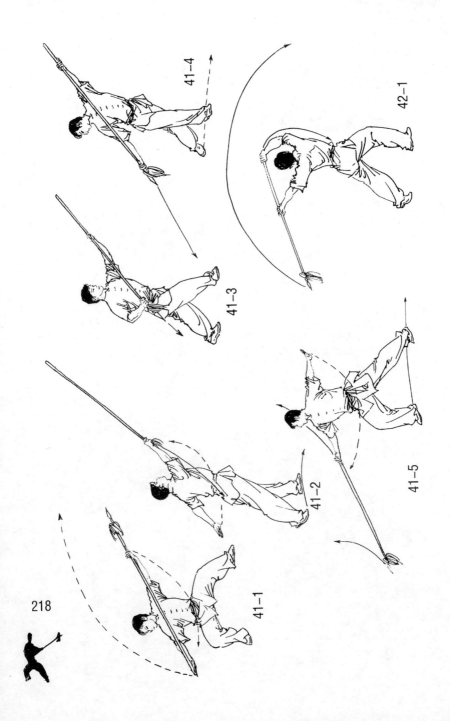

41-4

42-1

41-3

41-2

41-5

41-1

218

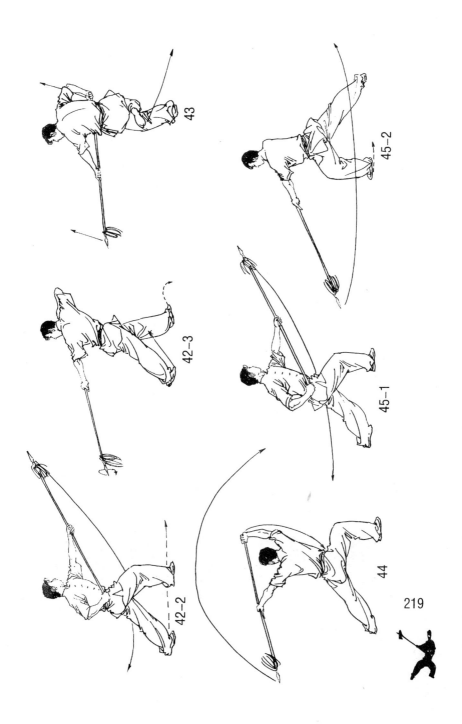

43

45-2

42-3

45-1

42-2

44

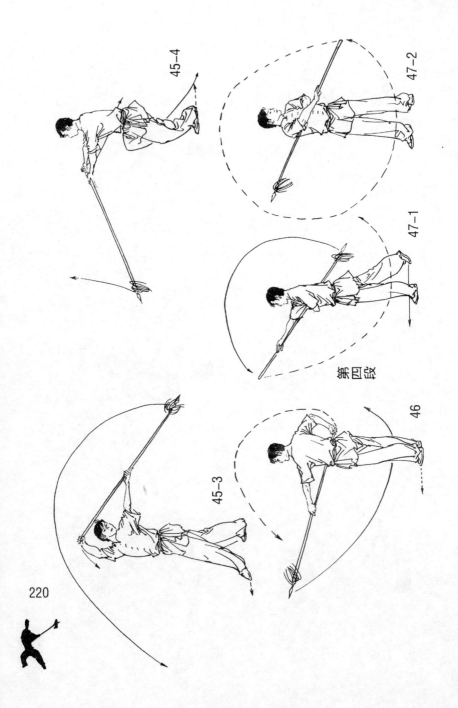

45-4

47-2

47-1

第四段

46

45-3

220

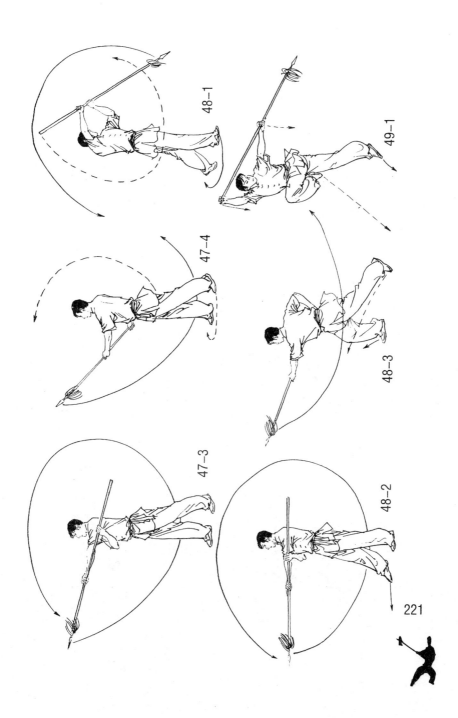

48-1

49-1

47-4

48-3

47-3

48-2

221

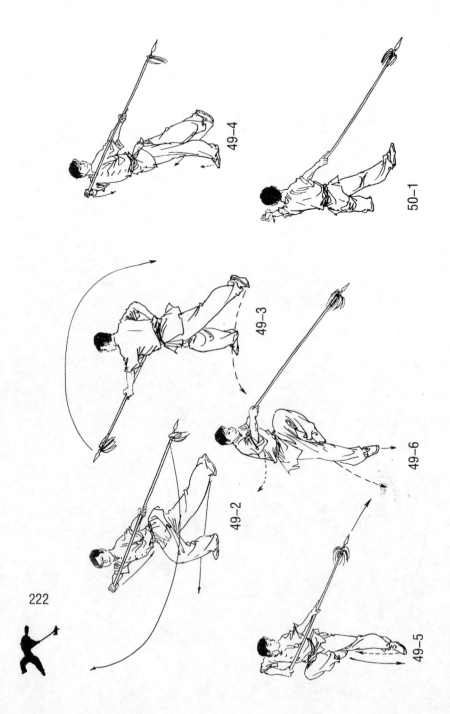

49-4

50-1

49-3

49-6

49-2

49-5

222

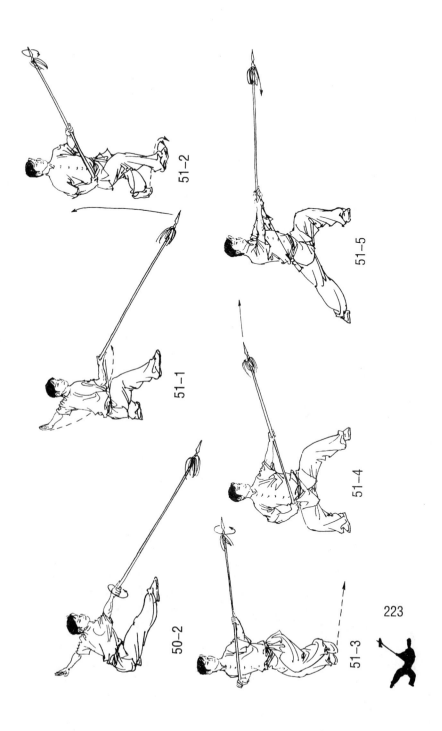

50-2

51-1

51-2

51-3

51-4

51-5

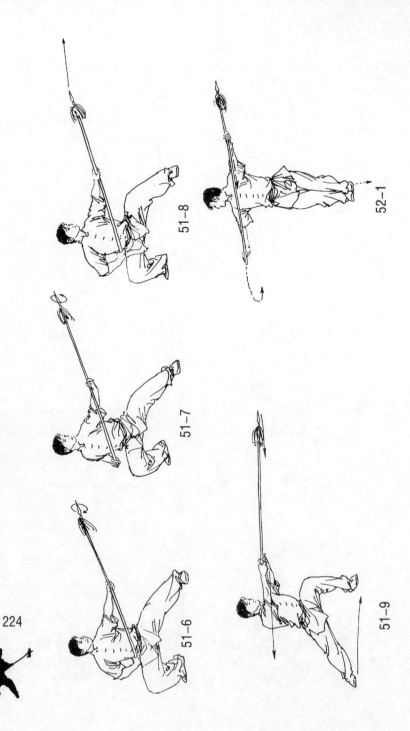

224

51-6

51-7

51-8

51-9

52-1

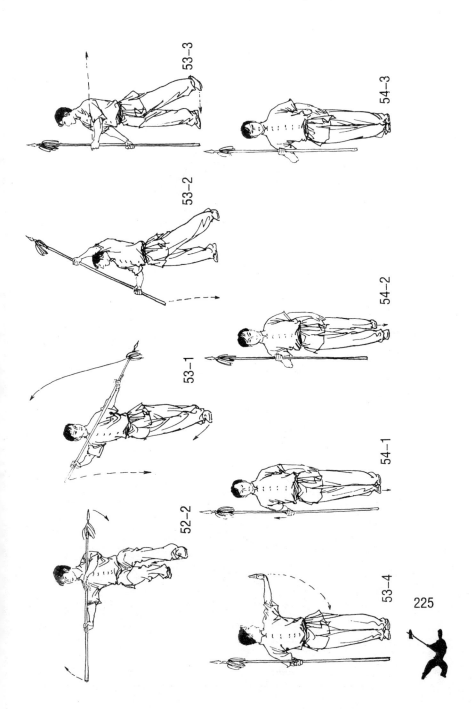

53-3

54-3

53-2

54-2

53-1

54-1

52-2

53-4

225

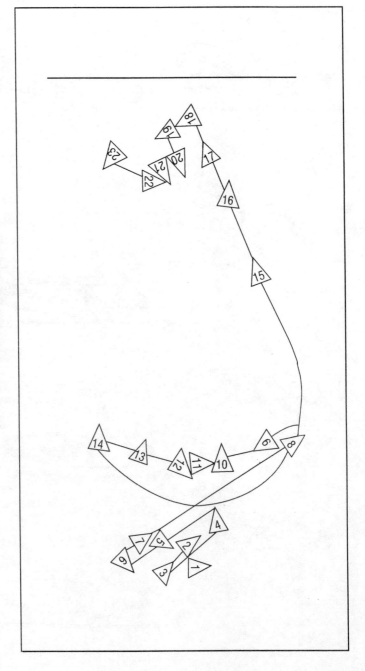

第二段　動作路線示意圖

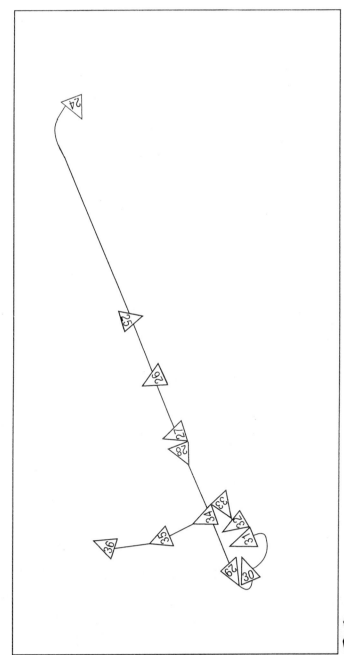

227

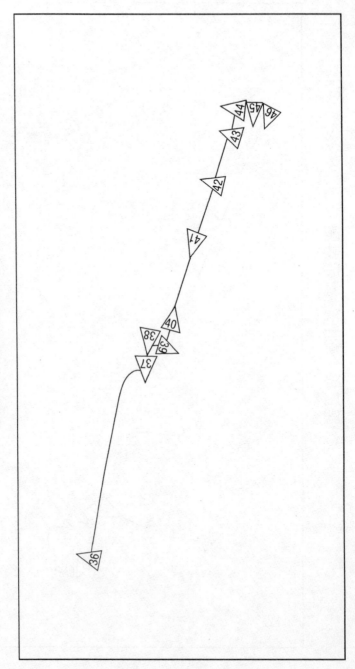

第三段　動作路線示意圖

第四段　動作路線示意圖

大展出版社有限公司
品冠文化出版社

圖書目錄

地址：台北市北投區〔石牌〕　　電話：(02) 28236031
　　　致遠一路二段 12 巷 1 號　　　　　28236033
郵撥：01669551＜大展＞　　　　　　　28233123
　　　19346241＜品冠＞　　　傳真：(02) 28272069

・少 年 偵 探・品冠編號 66

1.	怪盜二十面相	（精）	江戶川亂步著	特價 189 元
2.	少年偵探團	（精）	江戶川亂步著	特價 189 元
3.	妖怪博士	（精）	江戶川亂步著	特價 189 元
4.	大金塊	（精）	江戶川亂步著	特價 230 元
5.	青銅魔人	（精）	江戶川亂步著	特價 230 元
6.	地底魔術王	（精）	江戶川亂步著	特價 230 元
7.	透明怪人	（精）	江戶川亂步著	特價 230 元
8.	怪人四十面相	（精）	江戶川亂步著	特價 230 元
9.	宇宙怪人	（精）	江戶川亂步著	特價 230 元
10.	恐怖的鐵塔王國	（精）	江戶川亂步著	特價 230 元
11.	灰色巨人	（精）	江戶川亂步著	特價 230 元
12.	海底魔術師	（精）	江戶川亂步著	特價 230 元
13.	黃金豹	（精）	江戶川亂步著	特價 230 元
14.	魔法博士	（精）	江戶川亂步著	特價 230 元
15.	馬戲怪人	（精）	江戶川亂步著	特價 230 元
16.	魔人銅鑼	（精）	江戶川亂步著	特價 230 元
17.	魔法人偶	（精）	江戶川亂步著	特價 230 元
18.	奇面城的秘密	（精）	江戶川亂步著	特價 230 元
19.	夜光人	（精）	江戶川亂步著	特價 230 元
20.	塔上的魔術師	（精）	江戶川亂步著	特價 230 元
21.	鐵人Q	（精）	江戶川亂步著	特價 230 元
22.	假面恐怖王	（精）	江戶川亂步著	特價 230 元
23.	電人M	（精）	江戶川亂步著	特價 230 元
24.	二十面相的詛咒	（精）	江戶川亂步著	特價 230 元
25.	飛天二十面相	（精）	江戶川亂步著	特價 230 元
26.	黃金怪獸	（精）	江戶川亂步著	特價 230 元

・生 活 廣 場・品冠編號 61

1.	366 天誕生星	李芳黛譯	280 元
2.	366 天誕生花與誕生石	李芳黛譯	280 元
3.	科學命相	淺野八郎著	220 元

・女醫師系列・品冠編號 62

・傳統民俗療法・品冠編號 63

・常見病藥膳調養叢書・品冠編號 631

1.	脂肪肝四季飲食	蕭守貴著	200元
2.	高血壓四季飲食	秦玖剛著	200元
3.	慢性腎炎四季飲食	魏從強著	200元
4.	高脂血症四季飲食	薛輝著	200元
5.	慢性胃炎四季飲食	馬秉祥著	200元
6.	糖尿病四季飲食	王耀獻著	200元
7.	癌症四季飲食	李忠著	200元

·彩色圖解保健· 品冠編號64

1.	瘦身	主婦之友社	300元
2.	腰痛	主婦之友社	300元
3.	肩膀痠痛	主婦之友社	300元
4.	腰、膝、腳的疼痛	主婦之友社	300元
5.	壓力、精神疲勞	主婦之友社	300元
6.	眼睛疲勞、視力減退	主婦之友社	300元

·心 想 事 成· 品冠編號65

1.	魔法愛情點心	結城莫拉著	120元
2.	可愛手工飾品	結城莫拉著	120元
3.	可愛打扮 & 髮型	結城莫拉著	120元
4.	撲克牌算命	結城莫拉著	120元

·熱 門 新 知· 品冠編號67

1.	圖解基因與 DNA	（精）	中原英臣 主編	230元
2.	圖解人體的神奇	（精）	米山公啟 主編	230元
3.	圖解腦與心的構造	（精）	永田和哉 主編	230元
4.	圖解科學的神奇	（精）	鳥海光弘 主編	230元
5.	圖解數學的神奇	（精）	柳 谷 晃 著	250元
6.	圖解基因操作	（精）	海老原充 主編	230元
7.	圖解後基因組	（精）	才園哲人 著	230元

·法律專欄連載· 大展編號58

台大法學院　　法律學系／策劃
　　　　　　　　法律服務社／編著

1.	別讓您的權利睡著了(1)	200元
2.	別讓您的權利睡著了(2)	200元

·武 術 特 輯· 大展編號10

1.	陳式太極拳入門	馮志強編著	180元

6. 少林金剛硬氣功	楊維編著	250 元
7. 少林棍法大全	德虔、素法編著	250 元
8. 少林看家拳	德虔、素法編著	250 元
9. 少林正宗七十二藝	德虔、素法編著	280 元
10. 少林瘋魔棍闡宗	馬德著	250 元

·原地太極拳系列· 大展編號 11

1. 原地綜合太極拳 24 式	胡啟賢創編	220 元
2. 原地活步太極拳 42 式	胡啟賢創編	200 元
3. 原地簡化太極拳 24 式	胡啟賢創編	200 元
4. 原地太極拳 12 式	胡啟賢創編	200 元
5. 原地青少年太極拳 22 式	胡啟賢創編	220 元

·道 學 文 化· 大展編號 12

1. 道在養生：道教長壽術	郝勤等著	250 元
2. 龍虎丹道：道教內丹術	郝勤著	300 元
3. 天上人間：道教神仙譜系	黃德海著	250 元
4. 步罡踏斗：道教祭禮儀典	張澤洪著	250 元
5. 道醫窺秘：道教醫學康復術	王慶餘等著	250 元
6. 勸善成仙：道教生命倫理	李剛著	250 元
7. 洞天福地：道教宮觀勝境	沙銘壽著	250 元
8. 青詞碧簫：道教文學藝術	楊光文等著	250 元
9. 沈博絕麗：道教格言精粹	朱耕發等著	250 元

·易 學 智 慧· 大展編號 122

1. 易學與管理	余敦康主編	250 元
2. 易學與養生	劉長林等著	300 元
3. 易學與美學	劉綱紀等著	300 元
4. 易學與科技	董光壁著	280 元
5. 易學與建築	韓增祿著	280 元
6. 易學源流	鄭萬耕著	280 元
7. 易學的思維	傅雲龍等著	250 元
8. 周易與易圖	李申著	250 元
9. 中國佛教與周易	王仲堯著	350 元
10. 易學與儒學	任俊華著	350 元
11. 易學與道教符號揭秘	詹石窗著	350 元

·神 算 大 師· 大展編號 123

| 1. 劉伯溫神算兵法 | 應涵編著 | 280 元 |
| 2. 姜太公神算兵法 | 應涵編著 | 280 元 |

3. 鬼谷子神算兵法　　　　　　　應涵編著　280元
4. 諸葛亮神算兵法　　　　　　　應涵編著　280元

・秘傳占卜系列・大展編號 14

1. 手相術　　　　　　　　　淺野八郎著　180元
2. 人相術　　　　　　　　　淺野八郎著　180元
3. 西洋占星術　　　　　　　淺野八郎著　180元
4. 中國神奇占卜　　　　　　淺野八郎著　150元
5. 夢判斷　　　　　　　　　淺野八郎著　150元
6. 前世、來世占卜　　　　　淺野八郎著　150元
7. 法國式血型學　　　　　　淺野八郎著　150元
8. 靈感、符咒學　　　　　　淺野八郎著　150元
9. 紙牌占卜術　　　　　　　淺野八郎著　150元
10. ESP 超能力占卜　　　　　淺野八郎著　150元
11. 猶太數的秘術　　　　　　淺野八郎著　150元
12. 新心理測驗　　　　　　　淺野八郎著　160元
13. 塔羅牌預言秘法　　　　　淺野八郎著　200元

・趣味心理講座・大展編號 15

1. 性格測驗（1）　探索男與女　　淺野八郎著　140元
2. 性格測驗（2）　透視人心奧秘　淺野八郎著　140元
3. 性格測驗（3）　發現陌生的自己　淺野八郎著　140元
4. 性格測驗（4）　發現你的真面目　淺野八郎著　140元
5. 性格測驗（5）　讓你們吃驚　　淺野八郎著　140元
6. 性格測驗（6）　洞穿心理盲點　淺野八郎著　140元
7. 性格測驗（7）　探索對方心理　淺野八郎著　140元
8. 性格測驗（8）　由吃認識自己　淺野八郎著　160元
9. 性格測驗（9）　戀愛知多少　　淺野八郎著　160元
10. 性格測驗（10）由裝扮瞭解人心　淺野八郎著　160元
11. 性格測驗（11）敲開內心玄機　淺野八郎著　140元
12. 性格測驗（12）透視你的未來　淺野八郎著　160元
13. 血型與你的一生　　　　　　　淺野八郎著　160元
14. 趣味推理遊戲　　　　　　　　淺野八郎著　160元
15. 行為語言解析　　　　　　　　淺野八郎著　160元

・婦 幼 天 地・大展編號 16

1. 八萬人減肥成果　　　　　黃靜香譯　180元
2. 三分鐘減肥體操　　　　　楊鴻儒譯　150元
3. 窈窕淑女美髮秘訣　　　　柯素娥譯　130元
4. 使妳更迷人　　　　　　　成　玉譯　130元
5. 女性的更年期　　　　　　官舒妍編譯　160元

51. 穿出自己的品味　　　　　　　西村玲子著　280 元
52. 小孩髮型設計　　　　　　　　李芳黛譯　250 元

・青春天地・大展編號 17

1.　A 血型與星座　　　　　　　　柯素娥編譯　160 元
2.　B 血型與星座　　　　　　　　柯素娥編譯　160 元
3.　O 血型與星座　　　　　　　　柯素娥編譯　160 元
4.　AB 血型與星座　　　　　　　柯素娥編譯　120 元
5.　青春期性教室　　　　　　　　呂貴嵐編譯　130 元
9.　小論文寫作秘訣　　　　　　　林顯茂編譯　120 元
11. 中學生野外遊戲　　　　　　　熊谷康編著　120 元
12. 恐怖極短篇　　　　　　　　　柯素娥編譯　130 元
13. 恐怖夜話　　　　　　　　　　小毛驢編譯　130 元
14. 恐怖幽默短篇　　　　　　　　小毛驢編譯　120 元
15. 黑色幽默短篇　　　　　　　　小毛驢編譯　120 元
16. 靈異怪談　　　　　　　　　　小毛驢編譯　130 元
17. 錯覺遊戲　　　　　　　　　　小毛驢編著　130 元
18. 整人遊戲　　　　　　　　　　小毛驢編著　150 元
19. 有趣的超常識　　　　　　　　柯素娥編譯　130 元
20. 哦！原來如此　　　　　　　　林慶旺編譯　130 元
21. 趣味競賽 100 種　　　　　　　劉名揚編譯　120 元
22. 數學謎題入門　　　　　　　　宋釗宜編譯　150 元
23. 數學謎題解析　　　　　　　　宋釗宜編譯　150 元
24. 透視男女心理　　　　　　　　林慶旺編譯　120 元
25. 少女情懷的自白　　　　　　　李桂蘭編譯　120 元
26. 由兄弟姊妹看命運　　　　　　李玉瓊編譯　130 元
27. 趣味的科學魔術　　　　　　　林慶旺編譯　150 元
28. 趣味的心理實驗室　　　　　　李燕玲編譯　150 元
29. 愛與性心理測驗　　　　　　　小毛驢編譯　130 元
30. 刑案推理解謎　　　　　　　　小毛驢編譯　180 元
31. 偵探常識推理　　　　　　　　小毛驢編譯　180 元
32. 偵探常識解謎　　　　　　　　小毛驢編譯　130 元
33. 偵探推理遊戲　　　　　　　　小毛驢編譯　180 元
34. 趣味的超魔術　　　　　　　　廖玉山編著　150 元
35. 趣味的珍奇發明　　　　　　　柯素娥編著　150 元
36. 登山用具與技巧　　　　　　　陳瑞菊編著　150 元
37. 性的漫談　　　　　　　　　　蘇燕謀編著　180 元
38. 無的漫談　　　　　　　　　　蘇燕謀編著　180 元
39. 黑色漫談　　　　　　　　　　蘇燕謀編著　180 元
40. 白色漫談　　　　　　　　　　蘇燕謀編著　180 元

・健康天地・大展編號 18

國家圖書館出版品預行編目資料

槍術／李杰　主編　國際武術聯合會　審定　張耀寧　執筆
——初版，——臺北市，大展，2003〔民92〕
面；21 公分，——（國際武術競賽套路；4）
ISBN　957-468-260-9（平裝）

1.刀槍術
528.975　　　　　　　　　　　　　　　92016310

北京人民體育出版社授權中文繁體字版

槍　術

ISBN 957-468-260-9

主 編 者／李　　杰
審　　定／國際武術聯合會
執　　筆／張 耀 寧
責 任 編 輯／鄭 小 鋒
發 行 人／蔡 森 明
出 版 者／大展出版社有限公司
社　　址／台北市北投區（石牌）致遠一路 2 段 12 巷 1 號
電　　話／（02）28236031・28236033・28233123
傳　　眞／（02）28272069
郵 政 劃 撥／01669551
網　　址／www.dah-jaan.com.tw
E - mail／dah_jaan@pchome.com.tw
登 記 證／局版臺業字第 2171 號
承 印 者／高星印刷品行
裝　　訂／協億印製廠股份有限公司
排 版 者／弘益電腦排版有限公司
初版 1 刷／2003 年（民 92 年）12 月

定　價／220 元

一億人閱讀的暢銷書！

4 ～ 26 集　定價300元　特價230元

 大金塊

 5.青銅魔人

 6.地底魔術王

 7.透明怪人

 8.怪人四十面相

9.宇宙怪人

 怖的鐵塔王國

 11.灰色巨人

 12.海底魔術師

 13.黃金豹

 14.魔法博士

 15.馬戲怪人

 魔人銅鑼

 17.魔法人偶

 18.奇面城的秘密

 19.夜光人

 20.塔上的魔術師

 21.鐵人Q

 面恐怖王

 23.電人M

  24.二十面相的訊咒

 25.飛天二十面相

 26.黃金怪獸

品冠文化出版社

地址：臺北市北投區
　　　致遠一路二段十二巷一號
電話：〈02〉28233123
郵政劃撥：19346241